J'AIME À DESSINER

les animaux

FLEURUS
www.fleuruseditions.com

vocabulaire de formes

La girafe au long cou...

broute les feuilles...

des arbres...

pour ne pas
se baisser.

La girafe

vocabulaire de formes

Ce gentil compagnon

a pour ancêtre...

le loup.

Le chien

vocabulaire de formes

Il se promène...

sur la banquise

et se baigne...

dans l'eau glacée.

L'ours blanc

vocabulaire de formes

Dans son pré,

elle rumine…

pour nous donner…

du bon lait.

La vache

vocabulaire de formes

Avec ma bosse,

je traverse…

le désert.

Le dromadaire

vocabulaire de formes

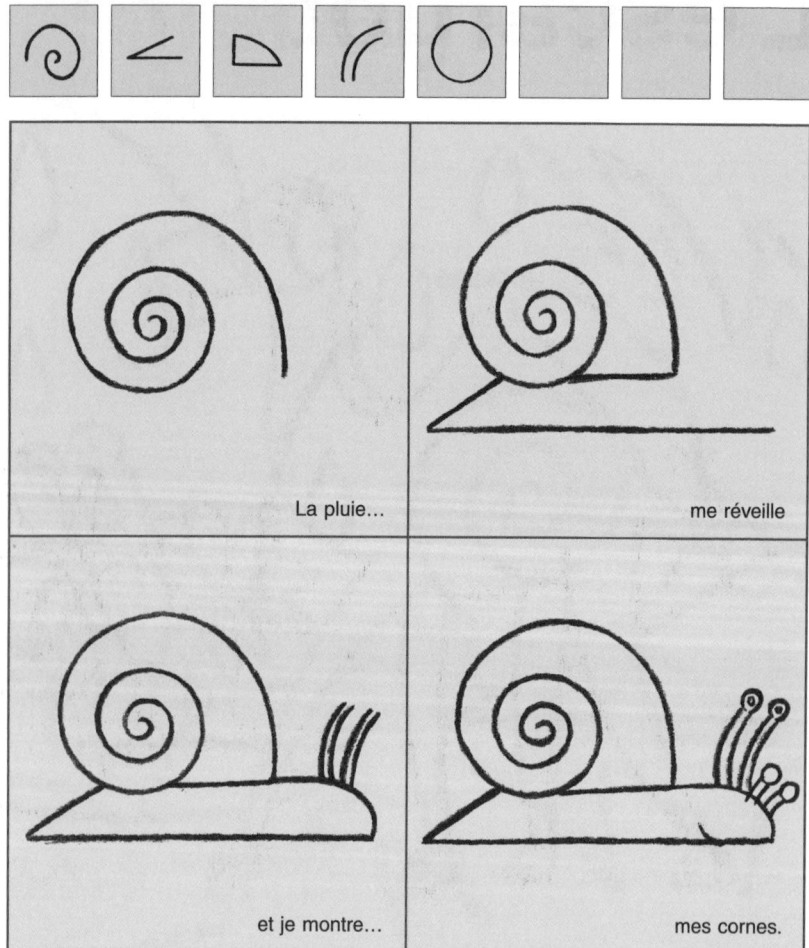

La pluie...

me réveille

et je montre...

mes cornes.

L'escargot

vocabulaire de formes

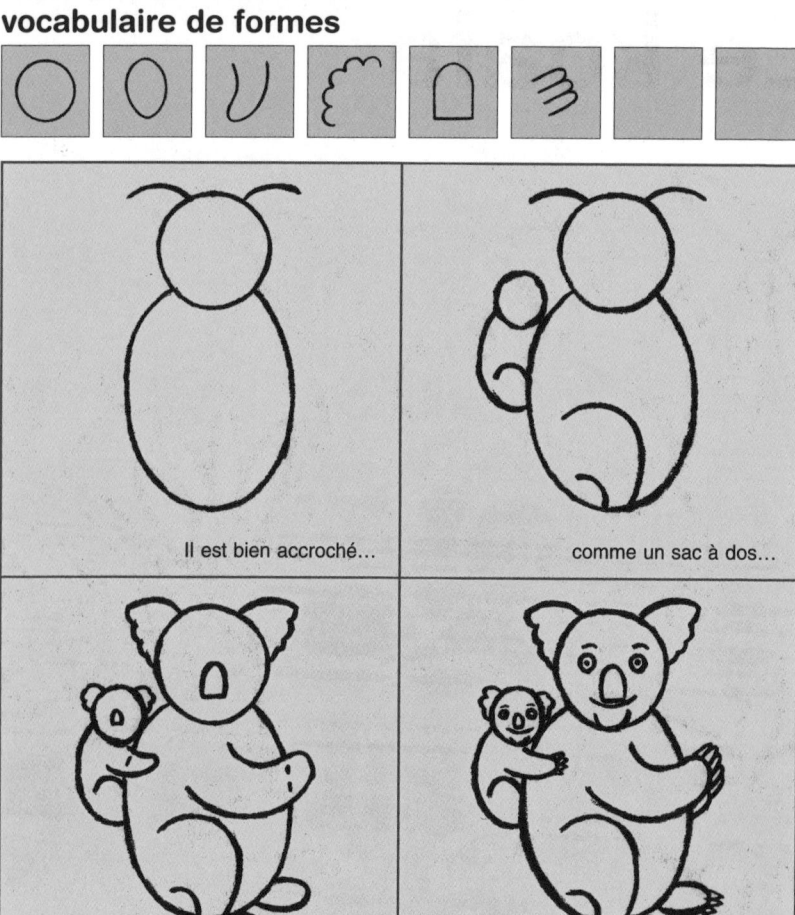

Il est bien accroché…

comme un sac à dos…

pour ne pas perdre…

sa maman.

Le koala

vocabulaire de formes

Gris ou blanc,

il est l'ami...

des enfants.

L'âne

vocabulaire de formes

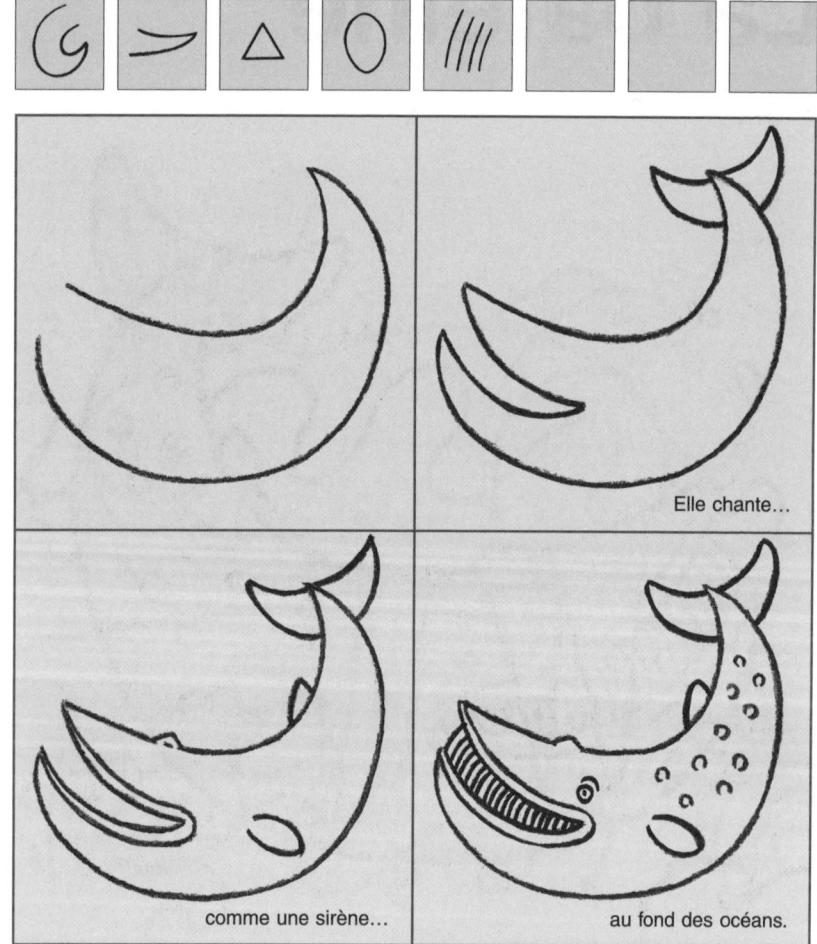

Elle chante…

comme une sirène…

au fond des océans.

La baleine

vocabulaire de formes

C'est le roi...

des animaux.

Sa couronne est...

sa belle crinière.